AMOR:
estado emocional profundo
caracterizado por una intensa
afección, un apego emocional,
respeto, fidelidad y
autorrealización, que
contribuyen al bienestar y la
felicidad de una persona.

Tu situación actual:

Al responder a estas preguntas, podrás medir tu evolución al final de este libro.

¿Cómo te sientes en este momento respecto a tu relación actual o pasada?

. . . .

. . . .

. . . .

. . . .

. . . .

¿Has tenido experiencias amorosas recientes que han cambiado tu visión de las relaciones?

. . . .

. . . .

. . . .

. . . .

. . . .

¿Cuáles crees que son las condiciones para una relación amorosa exitosa?

. . . .

. . . .

. . . .

. . . .

. . . .

¿Cómo manejas los conflictos o desacuerdos en una relación amorosa?

. . . .

. . . .

. . . .

. . . .

. . . .

¿Tienes expectativas específicas sobre tu relación amorosa actual o futura?

. . . .

. . . .

. . . .

. . . .

. . . .

¿Cómo ves evolucionar tu vida amorosa en los próximos meses/años?

. . . .

. . . .

. . . .

. . . .

. . . .

¿Cuáles son tus objetivos al leer este libro? (ayudarte a superar una ruptura, salvar tu relación, comprender las reacciones de tu pareja, ...)

. . . .

. . . .

. . . .

. . . .

. . . .

¿Qué es el amor para ti? Puedes enumerar las 10 primeras palabras que te vienen a la mente cuando se habla de amor (pasión, afecto, apego, ternura, ...)

. . . .

. . . .

. . . .

. . . .

. . . .

. . . .

. . . .

. . . .

. . . .

. . . .

"Síntomas de un corazón roto"

Pérdida de autoestima,

Ansiedad,

Náuseas,

Insomnio,

Aislamiento social,

Fatiga,

Sentimiento de vacío,

Sentimiento de impotencia,

Cambios en el peso (aumento o pérdida),

Depresión.

¿Experimentas alguno de estos síntomas? En caso afirmativo, ¿cuáles?

. . . .

. . . .

. . . .

. . . .

. . . .

¿Tienes alguno más?

. . . .

. . . .

. . . .

. . . .

. . . .

¿Cómo y cuándo se manifiestan?

. . . .

. . . .

. . . .

. . . .

. . . .

"Las primeras emociones"

Después de una ruptura, las primeras emociones suelen ser intensas y difíciles de manejar. Ya sea que estés sorprendido(a), conmocionado(a) o abatido(a) y resignado(a), te preguntas por qué y cómo llegaste a ese punto. Luego, la tristeza te invade, pero también puede surgir la ira. Puedes sentir resentimiento hacia la otra persona por su actitud o hacia ti mismo(a) por los errores cometidos. Esta ira puede ser saludable y legítima en ciertas circunstancias, pero es importante asegurarse de que no se convierta en culpa.

Cuando el sentimiento de pérdida se instala, puedes sentirte solo(a) incluso estando rodeado(a) de amigos y familiares. Durante este período, puedes ser abrumado(a) por la nostalgia, recordando los momentos felices compartidos con la otra persona y preguntándote cómo podrás continuar sin él/ella. Revives los proyectos compartidos, sus expresiones, su risa y cómo te sentías en su presencia, lo que puede intensificar el dolor. Te preguntas cómo seguir adelante sin la otra persona y puedes experimentar arrepentimientos, cuestionándote qué podrías haber hecho diferente.

Recuerda que cada persona experimenta sus emociones de manera diferente. Algunas pueden ser más intensas y otras menos duraderas. Lo importante es dejar que simplemente existan sin perderse en el pasado ni preocuparse por el futuro. Aceptar tus emociones sin juzgarlas es el primer paso hacia la calma. Nuestras emociones están ahí para transmitirnos un mensaje: la tristeza indica una pérdida o decepción y nos invita a reflexionar sobre nuestra necesidad de establecer nuevos vínculos o fortalecer los existentes. De manera similar, la ira a menudo revela una herida de injusticia, una carencia o una frustración, resultado de la discrepancia entre nuestras experiencias y nuestras expectativas. Estas emociones son valiosas porque nos ayudan a adaptarnos a nuestra realidad para vivir mejor.

Las emociones nunca mueren, se entierran en lo más profundo de nuestro corazón y resurgen más adelante de manera aún más fea.

"El sentimiento de estar perdida"

El sentimiento de estar perdida es otra emoción que podemos experimentar. Ya no sabemos qué pensar ni qué hacer. Nos sentimos impotentes. Perdemos toda autoestima. Las preguntas sin respuesta nos persiguen. La incertidumbre sobre el futuro nos preocupa. El estrés aumenta y podemos sentirnos abrumadas por todo lo que nos está sucediendo.

En estos momentos, es común sentir un sentimiento de confusión. Intentamos comprender las razones de la ruptura. A veces nos sentimos traicionadas, especialmente si no lo esperábamos. Pero también podemos experimentar humillación, vergüenza o incluso disgusto.

Es completamente normal experimentar miedo, especialmente el miedo a lo desconocido, el miedo a tener que empezar de cero de nuevo, o incluso el miedo a no encontrar a alguien con quien compartir nuestra vida. En estos momentos, la esperanza de volver atrás puede surgir para calmar nuestros temores. Esperamos una reconciliación. Sin embargo, la decepción puede instalarse rápidamente si este escenario no se realiza.

Recuerda que tienes derecho a sentir este vacío. Es aterrador, pero siempre debes tener en mente que nada es eterno. Después del dolor, la tristeza y la impotencia, llegarán la alegría, la serenidad y la felicidad. En cualquier circunstancia, siempre puedes elegir creer en ti misma y en tu futuro. Poco a poco, enfrentando tus miedos, reducirás su influencia sobre ti, y te darás cuenta de que es imposible protegerte del sufrimiento. También te darás cuenta de que en los momentos difíciles, nuestras mentes a menudo exageran la realidad. Si reflexionas sobre las pruebas que has superado en tu pasado, te darás cuenta de que has sido capaz de superarlas.

Las etapas de una ruptura amorosa:

El anuncio,
La tristeza,
La falta,
La negación,
La culpabilidad,
La ira,
La aceptación,
El punto de inflexión,
La liberación.

El ciclo,

Ruptura

Aceptación

Nuevo comienzo

¿Cuáles fueron tus emociones al enterarte de la ruptura?

. . . .

. . . .

. . . .

. . . .

. . . .

. . . .

¿Cómo gestionaste esas emociones? (aislamiento, retraimiento, aumento de salidas, compensación con comida, alcohol, refugio en series de televisión, juegos...)

. . . .

. . . .

. . . .

. . . .

. . . .

. . . .

¿Fue efectiva tu estrategia? En caso afirmativo, ¿qué recursos podrías utilizar nuevamente para sentirte realmente mejor y no solo para olvidar temporalmente?

. . . .

. . . .

. . . .

. . . .

. . . .

. . . .

"La escritura es el corazón que estalla en silencio"

Es un medio para poner palabras a emociones demasiado dolorosas para expresar de otra manera. Al escribir, podemos liberar nuestra pena. Las palabras en papel llevan consigo una parte de nuestro dolor. Es una forma de vaciar el corazón y aliviar el peso de los sentimientos no expresados. Podemos expresar nuestra ira, tristeza, desesperación, sin temor a herir a nadie. Es un espacio de total libertad.

La escritura ayuda a clarificar nuestros pensamientos. Tomamos distancia sobre las razones de la ruptura, los errores cometidos, los momentos de felicidad y tristeza. Es un proceso de autoconocimiento, pues la escritura es una comunicación con uno mismo. Dialogamos con nosotros mismos y nos escuchamos. Las páginas se convierten en un confidente silencioso, siempre disponible y que no juzga. Las palabras escritas permanecen como testimonio de lo vivido. Podemos regresar a ellas, releernos y recordar las etapas de nuestra curación. Esto nos da una perspectiva sobre nuestro camino y nos permite ver nuestros avances.

Recuerda que hay cierta magia en ver cómo nuestras emociones se transforman en palabras. Lo que parecía imposible de explicar toma forma. Lo invisible se vuelve visible. Surgen respuestas. Finalmente, encontramos paz. La resiliencia se construye palabra tras palabra. Cada frase escrita es un paso hacia la curación. Aprendemos a aceptar la ruptura y reconstruirnos. La escritura da voz a nuestro corazón roto. Permite que nuestras emociones encuentren su lugar y expresen sus mensajes. Esta vulnerabilidad consciente y asumida es un acto de coraje y belleza, una prueba de que incluso en el silencio, nuestro corazón puede hacerse escuchar.

¿Alguna vez has sentido la necesidad de aclarar tus pensamientos después de una ruptura? Si es así, ¿cómo lo hiciste?

. . . .

. . . .

. . . .

. . . .

. . . .

. . . .

¿Cómo podría ayudarte la escritura en este proceso?

. . . .

. . . .

. . . .

. . . .

. . . .

. . . .

¿Cuáles son los miedos o las resistencias que podrías encontrar al usar la escritura como herramienta de sanación?

. . . .

. . . .

. . . .

. . . .

. . . .

. . . .

¿De qué necesitarías para sentirte más a gusto y seguro al usar la escritura para encontrarte con tus emociones y sufrimientos?

. . . .

. . . .

. . . .

. . . .

. . . .

. . . .

¿Qué técnicas de escritura (diario, poesía, cartas no enviadas) te gustaría probar para explorar tus emociones?

. . . .

. . . .

. . . .

. . . .

. . . .

. . . .

Un día, hablaré de ello, hice lo mejor que pude, escribí...

Mi carta de despedida,

. . . .
. . . .
. . . .
. . . .
. . . .
. . . .
. . . .
. . . .
. . . .
. . . .
. . . .
. . . .
. . . .
. . . .
. . . .
. . . .
. . . .
. . . .
. . . .
. . . .
. . . .
. . . .
. . . .
. . . .
. . . .

Si hoy no te sientes capaz de escribir esta carta, no pasa nada, tómate tu tiempo. Puedes volver a ello más tarde cuando sea el momento adecuado para ti.

¿Por qué pasó esto?

Comprender por qué pasó esto es una necesidad fundamental para nuestra mente. Siempre necesitamos darle sentido a lo que vivimos para tranquilizarnos, aceptar la situación y permitirnos avanzar. Pero a veces, nos enfrentamos a la incomprensión, porque no siempre hay una explicación lógica. Si no comprendemos, tenemos miedo de revivir una experiencia dolorosa. Así que nos quedamos atrapados en los "por qué" y en el sufrimiento.

Cuando buscamos explicaciones a toda costa, inconscientemente estamos buscando culpables. "¿Qué hice mal?" "No debería haber hecho..." "No fui lo suficientemente..." "Debería haberle dicho..." O bien "Me mintió..." "Nunca debí confiar en él..." "¿Cómo pudo hacerme esto...?" La ruptura es el resultado de muchos factores: incompatibilidades, falta de comunicación, expectativas no cumplidas, infidelidad, o simplemente caminos de vida divergentes, valores, deseos y necesidades diferentes. Comprender por qué se produjo la ruptura no significa culparse a uno mismo o culpar al otro, sino simplemente reconocer los hechos y aceptar la realidad. Esto permite dejar de luchar contra lo que ya ha sucedido y empezar a sanar.

Recuerda que al buscar las razones ocultas detrás de la separación, esperamos ver las cosas con más claridad para encontrar una forma de serenidad. Pero en realidad, lo más importante es entender qué necesidades tuyas no fueron satisfechas en esta relación, lo que te llevó a esperar que el otro llenara ese vacío. La autoestima y el amor propio son los verdaderos pilares de esta paz interior que permite mirar hacia el futuro, reconstruirse y abrir el corazón a nuevas posibilidades.

A mi pequeño yo,

A veces tendrás que tomar decisiones
que no son
ni buenas
ni malas,
sino simplemente **necesarias**.
Serás fuerte, y yo estaré orgullosa de ti.

A mi pequeño yo, tengo fe en ti.

"Al pensar en él, te preguntas cómo alguien tan temporal puede dejar una herida tan permanente.

¿Cuándo va a terminar mi dolor?

El proceso de aceptación lleva tiempo. El dolor se calma gradualmente. Lo más importante en esta necesidad de reflexión es que nos revela nuestros patrones de comportamiento, nuestras estrategias recurrentes para evitar enfrentar nuestros miedos, así como los aspectos de nosotros mismos o del otro que hasta ahora hemos preferido ignorar.

Cada relación, incluso aquellas que terminan mal, nos enseña algo. Al comprender por qué ocurrió la ruptura, y por qué sufrimos tanto, podemos obtener importantes lecciones sobre nosotros mismos, nuestras relaciones y la vida en general. Tal vez podamos darnos cuenta de que es esencial comunicarnos mejor, estar más atentos a nuestras necesidades y las del otro, o no ignorar los signos de incompatibilidad.

Esta comprensión también permite esperar no repetir los mismos errores en futuras relaciones, especialmente al elegir mejor a nuestros compañeros. Establecer nuestros propios límites, sabiendo lo que realmente queremos y lo que no podemos aceptar, evita nuevas decepciones o renunciamientos, y permite fortalecer nuestra autoimagen al respetarnos.

Recuerda que para que el sufrimiento deje lugar nuevamente a las risas, la alegría y el amor, es muy importante que te pongas en el centro de tu vida y de tus decisiones. Tú eres el actor principal, pero para recuperar el poder de elegir cómo quieres vivir, debes asumir toda tu responsabilidad en tu forma de responder a las situaciones. No elegimos los eventos externos a nosotros ni el comportamiento de los demás. Pero podemos elegir cómo queremos actuar para responder a ellos. Si te eliges a ti mismo y respetas tus deseos, necesidades y valores, recuperarás suficiente confianza en ti mismo para avanzar serenamente hacia el futuro.

¿Cuáles crees que fueron los principales motivos de la ruptura?

. . . .

. . . .

. . . .

. . . .

. . . .

¿Esta relación tiene el mismo motivo de ruptura que una de tus relaciones anteriores?

. . . .

. . . .

. . . .

. . . .

. . . .

¿De qué te das cuenta?

. . . .

. . . .

. . . .

. . . .

. . . .

A partir de ahora, ¿cómo puedes evitar repetir los mismos errores?

. . . .

. . . .

. . . .

¿Cómo puedes utilizar esta experiencia para comprender y definir mejor tus necesidades y expectativas en una relación?

. . . .

. . . .

. . . .

. . . .

. . . .

. . . .

. . . .

. . . .

¿Qué creencias sobre ti mismo y las relaciones crees que podrían explicar tu comportamiento y actitudes en una relación?

. . . .

. . . .

. . . .

. . . .

. . . .

. . . .

. . . .

. . . .

. . . .

. . . .

¿Cuáles de estas creencias podrías cambiar o desarrollar para disfrutar de una relación más pacífica y satisfactoria?

. . . .

. . . .

. . . .

. . . .

. . . .

. . . .

. . . .

. . . .

¿Qué comportamientos o actitudes crees que debes cambiar para mejorar tu futura relación?

. . . .

. . . .

. . . .

. . . .

. . . .

. . . .

. . . .

. . . .

. . . .

. . . .

"Una de las batallas más difíciles de librar es la guerra entre nuestra mente que conoce la verdad y nuestro corazón que tiene razones que la verdad ignora"

Esta lucha interna es una realidad que muchos de nosotros hemos vivido, vivimos o viviremos. Nuestra mente analiza los hechos, evalúa las situaciones y busca explicar lo que vivimos. Por ejemplo, después de una ruptura, nuestra mente puede tener acceso a las razones por las cuales la relación no funcionaba: las incompatibilidades, las discusiones frecuentes, o las faltas de respeto. Incluso puede ser consciente de las ventajas de vivir sin esa persona. Pero, ¿realmente nos ayuda este análisis mental a sufrir menos por su ausencia? No, porque nuestro corazón funciona de manera diferente. Se alimenta de recuerdos, emociones y apegos. Se aferra a los momentos de felicidad compartidos, a los sentimientos de amor y a las esperanzas de lo que podría haber sido. El corazón puede empujarnos a querer volver atrás, a soñar con la reconciliación, a menudo por miedo a lo desconocido y, por lo tanto, al futuro, incluso si la razón nos dice que es imposible o no deseable.

Esta división entre el corazón y la mente puede crear una profunda confusión. Nos encontramos tironeados entre lo que sabemos que es verdad y lo que sentimos. Esto puede hacer que el proceso de sanación después de una ruptura sea particularmente difícil. Podemos avanzar un paso con la cabeza y retroceder dos con el corazón.

Recuerda que incluso los cambios más felices en tu vida pueden conllevar una parte de sufrimiento. Debes, ante todo, ser consciente de que el dolor manifestado a través de la tristeza, las angustias del futuro y los resentimientos del pasado puede ser superado. Para ello, debes mirarte con una nueva perspectiva benevolente y confiada. Observa con gratitud todo lo que aún tienes hoy y todas las posibilidades que se te ofrecen. Para acceder a esa paz interior tan importante para recuperar la alegría y la confianza, acepta que algunas cosas no pueden ser cambiadas y que aun así se puede avanzar, enriquecida por la experiencia. Esta es una de las batallas más difíciles, pero también una de las más importantes para tu crecimiento personal.

"Se maquilla con sonrisas,
compartiendo cada instante de su vida,
para mostrar que vive bien sin él.
Pero detrás de cada story,
se esconde una puesta en escena,
para intentar ocultar su corazón roto."

"Si una persona no supo reconocer tu valor, no te rebajes a querer demostrárselo"

Es natural querer ser reconocido(a) y apreciado(a) por aquellos que nos importan. Si sentimos que nuestra ex pareja no nos dio el valor suficiente o nos rebajó, incluso humilló, podemos sentir la tentación de hacerle arrepentirse demostrándole que somos personas valiosas que merecen ser amadas. Sin embargo, buscar probar nuestro valor a alguien que no fue capaz de verlo es un esfuerzo a menudo inútil que incluso puede volverse en nuestra contra.

Buscar demostrarle a otra persona nuestro valor puede llevarnos a alejarnos de quienes realmente somos, adoptando comportamientos que no nos representan y que nos llevan a fingir para agradar, ser aceptados o atraer la atención.

Al intentar probar nuestro valor, no solo corremos el riesgo de perder nuestra autenticidad, sino también nuestra confianza en nosotros mismos. De hecho, si nos embarcamos en una búsqueda externa para validar lo que debería ser una convicción interna, ponemos en manos de otros el poder de determinar por nosotros nuestra valía y nuestra autoestima. Es esencial recordar que nuestro valor no se mide a través de los ojos de los demás, sino a través de nuestra propia mirada y apreciación de nosotros mismos.

Recuerda que esta búsqueda incesante de validación por parte de los demás para demostrar tus cualidades y talentos, así como tu derecho a ser reconocida y amada, te mantiene en una situación de dependencia emocional. Te conviertes entonces en rehén de los juicios y opiniones de quienes no te ven como realmente eres. Debes liberarte de esta dependencia que te impide ser feliz y desarrollarte plenamente.

"Tu valor será visible cuando seas capaz de amarte a ti misma."

Buscar demostrar a los demás lo que realmente vales y esperar a cambio validación y reconocimiento es un error, ya que el juicio de los demás solo refleja lo que ellos piensan de sí mismos, sus propias debilidades, miedos e inseguridades. Sus juicios no determinan en absoluto nuestro valor.

Debemos ser conscientes de que este valor se encuentra únicamente en el amor propio, la autoestima y la confianza en uno mismo. Por lo tanto, es necesario dirigirse hacia uno mismo y no hacia los demás. Cuidándonos y poniendo nuestra energía al servicio de nuestro propio desarrollo, nuestras pasiones y nuestros sueños, fortalecemos la autoestima y la confianza en nosotros mismos que nos permiten vivir las relaciones amorosas que realmente queremos. De este modo, estamos en condiciones de atraer a personas que nos valoran y nos apoyan incondicionalmente. Merecemos estar rodeados de personas que nos ven y aprecian por lo que realmente somos. Ya no necesitaremos esforzarnos para ser valorados en nuestra justa medida, porque nuestra confianza en nosotros mismos no deja que los demás cuestionen nuestro propio valor.

Recuerda que para liberarte de la mirada y el juicio de los demás, debes entender que la aceptación y el soltar son etapas indispensables para aprender a amarte y construir la autoestima y la confianza en ti mismo/a que necesitas para vivir relaciones amorosas sanas y satisfactorias. Acepta no ser apreciado/a y amado/a por algunos. Acepta no ser perfecto/a y cometer errores. Reconoce que el juicio de los demás es solo el reflejo de su propio malestar y no la realidad. Al soltar, te liberarás de críticas, expectativas y decepciones y, sobre todo, te darás el derecho de enfocarte en tu propia felicidad.

¿Has sentido alguna vez la necesidad de demostrar tu valía a alguien que no podía verla? Si es así, ¿qué medios has utilizado?

. . . .

. . . .

. . . .

. . . .

. . . .

. . . .

. . . .

. . . .

. . . .

. . . .

¿Cuáles crees que son los peligros de intentar demostrar a toda costa tu propia valía a otra persona?

. . . .

. . . .

. . . .

. . . .

. . . .

. . . .

. . . .

. . . .

. . . .

. . . .

Hasta ahora, ¿qué importancia tenían las opiniones de los demás sobre tu autoestima y por qué?

. . . .

. . . .

. . . .

. . . .

. . . .

. . . .

. . . .

¿Está disminuyendo la importancia de las opiniones de los demás? Si es así, ¿en qué medida y por qué?

. . . .

. . . .

. . . .

. . . .

. . . .

. . . .

Si, por el contrario, la opinión de los demás sigue siendo igual de importante para ti y sigue impidiéndote reconocer tu propio valor, ¿podrías explicar por qué?

. . . .

. . . .

. . . .

. . . .

. . . .

¿Quiénes son las personas de tu vida que te valoran y te apoyan?

. . . .

. . . .

. . . .

. . . .

. . . .

¿Cómo te sientes cuando te centras en tus propias necesidades y deseos en lugar de en la validación externa?

. . . .

. . . .

. . . .

. . . .

. . . .

. . . .

. . . .

¿Qué es diferente en ti?

. . . .

. . . .

. . . .

. . . .

. . . .

. . . .

. . . .

Signos de dependencia emocional,

Necesidad constante de validación,

Miedo al abandono,

Cambios en su personalidad,

Sentimientos de culpa,

Falta de autonomía,

Dar prioridad a la relación,

Dependencia excesiva de la comunicación,

Tolerancia al abuso,

Tendencia a idealizar,

Ciclo de ruptura y reconciliación,

Desatención de las propias necesidades,

Obsesión constante,

Sentimiento de carencia...

"La dependencia afectiva es buscar en el otro lo que no podemos darnos a nosotros mismos, confundiendo amor y necesidad."

¿Estás viviendo una situación de dependencia emocional?

Marque con una cruz si las siguientes afirmaciones corresponden a su situación.

☐ Tienes la impresión de amar al Otro más de lo que él o ella te ama a ti.

☐ Rara vez le dices no al Otro.

☐ Descubres que él o ella se está alejando de ti.

☐ Tienes miedo de perder a tu pareja.

☐ Antepones las necesidades del Otro a las tuyas, te adaptas constantemente a él o ella.

☐ Tienes miedo de encontrarte solo si lo dejas.

☐ A menudo intentas justificarte durante una discusión, quieres justificar tu comportamiento.

☐ Eres muy celoso.

☐ Hablas muy a menudo de tu pareja con quienes te rodean y sientes molestia por parte de ellos.

☐ A menudo te sientes responsable de una discusión o de una situación aunque en realidad no sea culpa tuya.

☐ Sientes una sensación de inseguridad y ansiedad cuando tu pareja no está disponible o no responde rápidamente a tus mensajes.

☐ Tiendes a idealizar al Otro y minimizar sus defectos.

Muchas veces necesitas atención y buscas constantemente la validación de los demás para sentirte bien.

Tienes baja autoestima y te sientes incapaz de vivir sin la ayuda o aprobación de los demás.

Tienes dificultades para romper incluso si se trata de una relación enfermiza y abusiva, porque tienes miedo de encontrarte solo.

Si cuentas más de 8 cruces, probablemente estés viviendo una situación de dependencia emocional. Es decir, le das la responsabilidad de tu felicidad al Otro.

¿Cómo sales de esto?

Empiece por reconocer su dependencia emocional y aceptarla. Tienes que encontrar lo que te hace depender del otro. Tu adicción se detendrá cuando aprendas a ser autosuficiente. Toma conciencia de tus carencias, de tus heridas, de tu sufrimiento y de tus miedos. Aprende a amarte lo suficiente, hazte cargo de tu vida, ten la convicción de que eres capaz de construirte independientemente de tu relación.

Aquí hay algunos consejos :

Evítalos: "¿Me extrañaste? ", " Me amas ? », "Me olvidaste", que expresan tu dependencia y tu fragilidad.

Haz lo que quieras sin adaptarte a los demás, impone tus elecciones y tus necesidades.

Aprende a decir "NO", no te vamos a rechazar por algo que no quieres, expresa tu opinión.

¿Porque y como?

CAUSAS

Falta de confianza en uno mismo Miedo al abandono Necesidad constante de validación Experiencias pasadas traumáticas

MANIFESTACIONES

Búsqueda excesiva de aprobación de los demás Conductas de control o sumisión Ansiedad de separación Sentimientos de inferioridad

CONSECUENCIAS

Relaciones tóxicas Baja autoestima Agotamiento emocional Pérdida de autonomía

SOLUCIONES

Terapia y apoyo psicológico Desarrollo de la autoestima Práctica de la autocompasión Aprendizaje de la autonomía emocional

Cómo salir de la dependencia afectiva?

Salir de una relación de dependencia emocional puede ser un proceso largo y difícil, pero es posible si te comprometes con ello.

Aquí tienes algunas etapas que pueden ayudarte a lograrlo:

Toma conciencia de la situación: el primer paso para salir de una relación de dependencia emocional es reconocer que estás en esa situación. Esto suele ser lo más difícil. Reflexiona sobre tus sentimientos, comportamientos y la dinámica de tu relación para identificar los signos de dependencia emocional.

Comprende las causas: explora las razones por las cuales caíste en una relación de dependencia emocional. Esto puede incluir experiencias pasadas, patrones familiares o creencias personales que han contribuido a tu dependencia emocional. Al identificar estas causas, podrás comprender mejor tus comportamientos sin juzgarte y encontrar soluciones para cambiarlos.

Establece límites saludables: aprende a establecer límites claros en tu relación para proteger tu bienestar emocional. Para lograrlo, debes identificar y expresar tus necesidades y deseos, así como definir límites con respecto al comportamiento de tu pareja. A veces, también será necesario que aceptes tomar distancia si es necesario para protegerte.

Desarrolla tu autoestima: trabaja en tu autoestima y confianza enfocándote en tus fortalezas, talentos y valores personales. Aprende a valorarte y reconocer tu propio valor independientemente de la validación de tu pareja u otras personas. Recuerda que el juicio de los demás no determina tu propio valor, solo refleja su propio malestar.

Refuerza tu red de apoyo: rodéate de personas positivas y alentadoras que puedan ayudarte a atravesar este período difícil. Habla con tus amigos cercanos, tu familia o un profesional sobre lo que estás pasando y busca su apoyo y consejo.

Practica la autonomía: aprende a ser independiente tomando tus propias decisiones, persiguiendo tus propios intereses y desarrollando relaciones saludables fuera de tu relación actual. Invierte en tus pasiones, hobbies y amistades para sentirte equilibrada y realizada. Cuidando de ti misma, encontrarás claridad en tus decisiones y motivación a través de una nueva energía.

Recuerda que mereces una relación sana y equilibrada basada en el respeto mutuo y la confianza. Salir de una relación de dependencia emocional puede llevar tiempo y requiere paciencia y perseverancia. Para lograrlo, sé amable contigo misma, compasiva, porque esa es la mejor manera de recuperar toda tu energía y tu poder para decidir por ti misma, no permitiendo que otros decidan por ti si tienes derecho a ser feliz.

2h58

"Un simple mensaje,
una simple señal de él,
y todo el dolor que he soportado
parece evaporarse en un instante".

"Cada vez que él regresaba, sabía que no se quedaría."

Esta es una realidad difícil y frecuentemente dolorosa experimentada por muchas personas que se encuentran en una relación inestable.

Vivir el vaivén de una persona en tu vida crea una inestabilidad emocional. Si cada regreso aviva la esperanza y el amor, cada nueva partida conlleva decepción, culpa, sentimientos de traición, abandono y tristeza.

En esta situación, es importante plantearse las preguntas correctas respecto a nuestras propias necesidades. Es tentador aferrarse a alguien que vuelve periódicamente a nuestra vida, esperando cada vez un retorno definitivo. Sin embargo, es crucial ser consciente de que este patrón, si se repite, puede causar un dolor mayor al generado por la decisión de poner fin a la relación.

Para vivir una relación sana y armoniosa, es necesario tener claras nuestras intenciones y sentimientos. Cuando un compañero no sabe lo que quiere, se convierte en fuente de malentendidos y tensiones, frecuentemente generando frustración e inseguridad. Pero no estamos obligados a soportar la indecisión del otro. Debemos decidir qué es lo mejor para nosotros. Si no es capaz de tomar una decisión y sufres al estar atrapado en una relación que no progresa, nada te obliga a esperarlo eternamente.

Recuerda que tu decisión debe tener en cuenta lo que realmente es importante para tu felicidad y realización. Si tu decisión está bien pensada, te pertenece y no necesitas justificarla. Si aún tienes dudas, expresa de manera honesta y firme tus expectativas y necesidades. Aunque este paso sea difícil, puede liberarte de una relación que no te brinda suficiente seguridad para estar completamente satisfecho/a.

¿Cómo te sientes cuando esa persona vuelve de repente a tu vida, aunque sea por poco tiempo?

. . . .

. . . .

. . . .

. . . .

. . . .

Cuando volvió, ¿tuvo algún miedo? En caso afirmativo, ¿cuáles eran?

. . . .

. . . .

. . . .

. . . .

. . . .

. . . .

¿Qué esperanzas o sentimientos te permitieron aceptar o acoger su regreso?

. . . .

. . . .

. . . .

. . . .

. . . .

. . . .

Consejo del día:

Si dudas, es porque no quieres.

¿Cuál es tu reacción cuando te das cuenta de que este regreso puede no estar motivado por un cambio real o un deseo sincero de reconciliación?

. . . .

. . . .

. . . .

. . . .

. . . .

¿Cuáles son las señales de alarma que podrías buscar en el futuro para determinar si el regreso de alguien a tu vida está realmente motivado por un cambio positivo o se trata simplemente de un momento de debilidad?

. . . .

. . . .

. . . .

. . . .

. . . .

. . . .

. . . .

. . . .

. . . .

Cuando te llame tu pasado,
no contestes,
no tiene nada nuevo que decirte.

En mi vida actual, lo que ya no quiero...

Que otros me hagan cosas:

. . . .
. . . .
. . . .
. . . .

Que otros me digan :

. . . .
. . . .
. . . .
. . . .

Que los demás piensen en mí :

. . . .
. . . .
. . . .
. . . .

Que me digan :

. . . .
. . . .
. . . .
. . . .

En mi vida ideal, lo que quiero...

Que otros me hagan cosas:

. . . .
. . . .
. . . .
. . . .

Que otros me digan :

. . . .
. . . .
. . . .
. . . .

Que los demás piensen en mí:

. . . .
. . . .
. . . .
. . . .

Que piensen en mí:

. . . .
. . . .
. . . .
. . . .

"Lo peor no es ser el que se va o el que se queda,
Lo más difícil es volver a ser el que ama"

"A veces nos perdemos entre el amor que sentimos por una persona y el amor que esperamos que nos brinde"

Por un lado, está ese amor que supera los defectos y las imperfecciones, que nos impulsa a estar a su lado y hacerle feliz para verlo(a) contento(a) y realizado(a). Pero al mismo tiempo, también está esa espera silenciosa de que nuestro amor sea plenamente reconocido y correspondido. Esperamos que nuestra pareja nos colme de cariño, atención y afecto, satisfaciendo nuestras necesidades emocionales y compartiendo nuestra visión del amor y la relación.

Es cuando estos dos tipos de amor no se corresponden que nos encontramos perdidos, atrapados entre nuestros deseos y la realidad. Nos preguntamos si debemos seguir invirtiendo en una relación que no cumple completamente nuestras expectativas, o si debemos resignarnos a aceptar ese amor tal como es y dejar de lado nuestros deseos.

Sin embargo, en medio de esta confusión, hay una respuesta: el amor verdadero no puede ser coaccionado ni forzado. No puede ser manipulado ni condicionado. Debe ser espontáneo, dado libremente y recibido libremente, sin expectativas ni exigencias.

Recuerda que debes ser consciente de que existen diferentes lenguajes del amor. Cada uno puede expresarlo a su manera. Debes aceptar amar al otro sin esperar ser amado de la misma manera a cambio. Pero para amar así, es imprescindible amarse a uno mismo con ese mismo amor. Si no te amas a ti mismo, buscarás que el otro llene ese vacío de amor para tranquilizarte o alimentar tus esperanzas. En ese caso, si estás en espera y en demanda, creas dependencia del otro y no podrás encontrar armonía y serenidad en tus relaciones y en tu vida.

La verdad es que,

no puedes forzar a la persona equivocada
a ser la adecuada para ti.

¿Qué señales observas en la relación que indiquen que tus necesidades emocionales no están plenamente cubiertas?

. . . .

. . . .

. . . .

. . . .

. . . .

¿Qué miedos o creencias limitantes podrían impedirte cuestionar o cambiar la relación?

. . . .

. . . .

. . . .

. . . .

. . . .

¿Qué cambios podrías plantearte hacer en tu vida para fomentar relaciones más equilibradas y satisfactorias en el futuro?

. . . .

. . . .

. . . .

. . . .

. . . .

"Ella no quería destruir a los demás, así que se destruía a sí misma."

A veces, por miedo a lastimar a los demás o a quedarse solo(a), nos involucramos en relaciones que realmente no nos convienen. Este temor al abandono, el miedo a no ser amado(a) o aceptado(a) tal como somos puede llevarnos a permanecer en relaciones que nos destruyen en lugar de arriesgarnos a liberarnos y encontrar la felicidad en otro lugar.

Esta visión distorsionada del amor, de nosotros mismos y de la relación, donde el bienestar del otro y el miedo a la soledad prevalecen sobre nuestra felicidad, nos hace creer que debemos quedarnos a toda costa y hacer todo lo posible para mantener la paz y la armonía. Nos esforzamos por cumplir con las expectativas de nuestra pareja, adaptándonos a sus deseos y dejando de lado nuestras propias aspiraciones para evitar conflictos y rupturas.

Sin embargo, con el paso del tiempo, a menudo nos damos cuenta de que esta estrategia de sacrificar nuestras necesidades y deseos, de reprimir nuestras emociones para mantener una fachada de felicidad y satisfacción, nos vacía de nuestra energía vital.

Solo cuando alcanzamos un punto de quiebre, cuando nos enfrentamos a la dura realidad de nuestro malestar y nuestra insatisfacción, entendemos la magnitud de nuestro sacrificio. Nos damos cuenta de que el verdadero amor nunca debería obligarnos a desvanecernos o disminuirnos, sino más bien a elevarnos y permitirnos florecer.

Recuerda que mereces ser amado(a) y respetado(a), y que depende de ti crear las condiciones para una vida feliz y satisfactoria. Nunca confundas lo que te ofrecen con lo que vales. Enfrenta el miedo al abandono y acepta amarte y reconocer tu propio valor; así podrás liberarte de los lazos de la dependencia emocional y encontrar el coraje para vivir relaciones que enriquezcan tu vida.

En lo que piensas, te conviertes,

lo que sientes, lo atraes,

lo que imaginas, lo creas.

Bouddha

¿Has sentido alguna vez que el miedo a estar solo ha influido en tus decisiones en relaciones pasadas o actuales?

. . . .

. . . .

. . . .

. . . .

. . . .

. . . .

. . . .

. . . .

. . . .

¿Qué señales ves en ti que podrían indicar que estás sacrificando demasiado tus deseos y necesidades para mantener la relación, en detrimento de tu propia felicidad?

. . . .

. . . .

. . . .

. . . .

. . . .

. . . .

. . . .

. . . .

. . . .

¿Qué miedos o creencias limitantes pueden estar impidiéndote terminar una relación que no te satisface plenamente?

. . . .

. . . .

. . . .

. . . .

. . . .

. . . .

. . . .

. . . .

. . . .

¿Qué aspectos positivos extraes de esta toma de conciencia de tu miedo al abandono y de su influencia en tus elecciones de relación?

. . . .

. . . .

. . . .

. . . .

. . . .

. . . .

. . . .

. . . .

. . . .

"Me has apuñalado mil veces y actuaste como si fueras tú quien sangraba."

En una relación amorosa, hay momentos en los que nos sentimos profundamente heridos por las acciones y palabras de nuestra pareja, y sin embargo, a pesar del dolor que experimentamos, la otra persona parece insensible a nuestro sufrimiento, como si fuera él quien está herido, como si su dolor fuera más grande que el nuestro.

Cada vez que el otro nos manipula o nos controla, nos inflige una nueva herida mientras nos niega el derecho a sentir y expresar nuestro dolor. Actúa como si sus propias heridas personales justificaran su comportamiento tóxico. Esta estrategia tiene como objetivo crear aún más confusión y culpa en su pareja.

En esta situación, quedamos atrapados en un ciclo de dependencia emocional, donde nuestra libertad y nuestro bienestar son sacrificados. Al negarse a reconocer su propia responsabilidad en su incapacidad para ser feliz, el manipulador, consciente o inconscientemente, hace que su pareja asuma toda la responsabilidad de su malestar. En este contexto, nos condicionan a aceptar los reproches, los abusos y los sacrificios, siempre conformándonos más a sus expectativas con la esperanza de finalmente recibir amor, y a veces, incluso para evitar la ruptura.

Recuerda que solo cuando seas capaz de tomar distancia y ver la situación con claridad, te darás cuenta del control que una persona puede ejercer sobre ti. Tomarás conciencia de las diferentes estrategias utilizadas para manipular tus emociones, socavar tu confianza y sembrar sentimientos de culpa y vergüenza que te mantienen bajo su dominio. Una vez que identifiques esta relación tóxica, podrás comenzar a liberarte y reconstruir la vida que te mereces, basada en el amor incondicional y el respeto.

¿Ha experimentado alguna vez signos de control psicológico en una relación pasada o presente? En caso afirmativo, ¿en cuáles?

. . . .

. . . .

. . . .

. . . .

¿Cómo crees que afectó a tu autoestima y bienestar emocional?

. . . .

. . . .

. . . .

. . . .

. . . .

. . . .

¿Qué lecciones positivas podrías aprender de esta experiencia para ayudarte a reconocer y evitar relaciones tóxicas en el futuro?

. . . .

. . . .

. . . .

. . . .

. . . .

. . . .

"Entender a los Manipuladores Narcisistas"

Las relaciones amorosas son el terreno preferido de los manipuladores emocionales, especialmente de los "narcisistas perversos". Es un término que se escucha con frecuencia y que no siempre se utiliza correctamente. De hecho, solo un profesional tiene las habilidades para establecer un diagnóstico de "narcisista perverso". Sin embargo, puedes intentar protegerte de una relación que te causa confusión y sufrimiento, sin culpar ni juzgar a nadie, observando algunos rasgos característicos de estas personas, su impacto en la relación y los signos que debes vigilar para identificar ciertos comportamientos.

Los "narcisistas perversos" se caracterizan por su constante necesidad de admiración y falta de empatía hacia los demás. Tienden a manipular y explotar a las personas a su alrededor para alcanzar sus propios objetivos, sin preocuparse por las consecuencias para los demás. Su comportamiento a menudo está enmascarado por una seguridad y carisma superficiales, así como una apariencia seductora, lo que los hace difíciles de detectar al inicio de la relación.

Una relación con un "narcisista perverso" suele ser desequilibrada. El compañero narcisista ejerce un control excesivo sobre el otro, utilizando la manipulación, la humillación, la devaluación e incluso la intimidación para mantener su dominio.

Recuerda que es importante reconocer las señales que pueden indicarte que es probable que estés frente a un "narcisista perverso". Estas señales incluyen comportamiento manipulador, necesidad de control, arrebatos de ira desproporcionados, sabotaje constante y deliberado de tu autoestima y valor, así como falta de empatía y remordimiento. Las promesas vacías y las excusas constantes también son indicadores de comportamientos narcisistas.

"Mira dónde te ataca el enemigo,
a menudo es su propio punto débil"

Boris Van

Los signos de un "pervertido narcisista"

Los pervertidos narcisistas muestran una serie de signos distintivos en su comportamiento e interacciones con los demás,

Necesidad constante de admiración,

Falta de empatía,

Manipulación y control,

Falta de responsabilidad,

Comportamiento contradictorio,

Celos y posesividad,

Incapacidad para manejar las críticas,

Manipulación emocional,

Victimización,

Paranoia...

Vas a lograr salir de esta relación,

Salir de una relación con un narcisista perverso puede ser extremadamente difícil debido a la manipulación y el control ejercidos por el narcisista. Si estás en una relación con un manipulador narcisista, podrías reconocer las siguientes frases que podrían haberte sido dirigidas en el pasado:

"Nunca encontrarás a alguien mejor que yo."
"¿Realmente crees que alguien más querría estar contigo?"
"Si realmente me amaras, harías esto por mí."
"Tu familia no te comprende como yo."
"Nadie te entenderá como yo."
"Soy el único que puede amarte a pesar de tus defectos."
"Eres muy afortunada de tenerme."
"Esta es la última vez, te lo juro."
"Hazlo por mí, después de todo lo que he hecho por ti."

Las relaciones con los manipuladores narcisistas pueden ser trampas emocionales complejas y devastadoras. Los efectos de una relación con un "narcisista perverso" pueden ser variados. La víctima puede experimentar síntomas de estrés crónico, ansiedad, depresión e incluso trastornos de la personalidad. Su autoestima puede verse gravemente degradada y pueden encontrarse social y financieramente aisladas, llegando a depender totalmente del narcisista.

Recuerda que es crucial ser consciente de las señales de advertencia para poder buscar ayuda y protegerte. Pero igualmente importante es no culparte ni avergonzarte, ya que estas reacciones te impedirán encontrar soluciones y te mantendrán atrapada en la trampa en la que te encuentras. Es reconocer tu propio valor y buscar el apoyo adecuado lo que te permitirá liberarte del control tóxico de un narcisista perverso y construir un futuro confiado y feliz.

**Gracias por hacerme comprender
de que merecía algo mejor que tú.**

Aprende a poner tus límites,

Sólo porque lo ames no significa que tengas que aceptarlo todo.

Llorar no es un signo de debilidad.

Tienes derecho a decir que no, eso no significa que seas egoísta. .

Toma tus propias decisiones.

Difícil no significa imposible.

Eres capaz de mucho más de lo que crees.

Libérate de lo que los demás piensan de ti.

Hazlo por ti.

No te compares, ten confianza en ti mismo.

"Me rompió el corazón, pero me abrió los ojos."

El fin de una relación puede ser una experiencia extremadamente dolorosa, pero nunca se debe olvidar que puede ser increíblemente esclarecedora y beneficiosa.

En una relación, al comprometernos constantemente, adaptar nuestras rutinas a la otra persona y dejar de lado nuestros propios deseos y necesidades para mantener la armonía a toda costa en nuestra pareja, es común perder de vista quiénes somos realmente.

La ruptura nos obliga a regresar a nosotros mismos de manera brusca y desestabilizante. Nos fuerza a redescubrir nuestra identidad fuera de la relación con el otro, a través de la reexploración de nuestras pasiones, proyectos personales y deseos propios. Esta readaptación es una etapa necesaria, durante la cual es completamente normal sentir angustia, vacío y tristeza por la pérdida.

Pero aceptar el encuentro con uno mismo y con otros puede transformar gradualmente el dolor en fortaleza. Esta experiencia es una oportunidad para tomar conciencia de nuestra capacidad para superar las adversidades, para reconocer que somos "suficientes", que ocupamos nuestro lugar y que podemos elegir que todo es posible en todo momento y en cualquier circunstancia siempre y cuando creamos en nosotros mismos. Las rupturas también nos permiten darte cuenta de la importancia de fortalecer ciertas relaciones al rodearnos de personas positivas y compasivas que no nos juzgan.

Recuerda que, aunque la ruptura haya roto tu corazón, puede abrirte los ojos sobre tu propio valor, tus necesidades y aspiraciones. Te brinda la oportunidad de crecer, redescubrirte y crear una vida que realmente te represente, con personas amorosas y comprensivas. El dolor es temporal, pero las lecciones y la fuerza que adquieres son permanentes. Al reconectar con tu yo esencial, encontrarás la confianza en ti mismo, la autoestima y la autonomía necesarias para enfrentar todos los desafíos y realizar tus sueños.

"El amor es una rosa.
Cada pétalo una ilusión.
Cada espina una realidad"

Charles Baudelaire

"La locura es hacer lo mismo una y otra vez, esperando obtener resultados diferentes"

Albert Einstein

A veces nos sentimos atraídos por ciertas personalidades, incluso si este tipo de relación nos ha causado sufrimiento en múltiples ocasiones. Podemos ser seducidos por el encanto, impulsados por la pasión o incluso fascinados por el drama, y cada vez, revivir las mismas penas y los mismos fracasos. Ya sea por una tendencia a evitar conflictos, a no expresar nuestras necesidades o a tolerar comportamientos inaceptables con la esperanza de que las cosas mejoren por sí solas, a menudo nos condenamos a repetir los mismos errores mientras seguimos esperando la felicidad a pesar de todo.

Si nos encontramos en situaciones que ya nos han causado sufrimiento en el pasado, es poco probable que las cosas cambien al continuar, consciente o inconscientemente, reproduciendo los mismos patrones de comportamiento. El dolor de una ruptura puede hacernos sentir atrapados en la sensación de que nunca saldremos de ahí, pero también puede permitirnos transformar gradualmente ese sufrimiento en una oportunidad. Reflexionar sobre lo que no funcionó y por qué no funcionó nos ayuda a reconocer nuestra propia responsabilidad. Este es el momento perfecto para identificar nuestros propios comportamientos que nos impiden tener una relación amorosa saludable. Por ejemplo, podemos darnos cuenta de que tendemos a evitar la comunicación cuando estamos heridos y decepcionados, que tendemos a menospreciarnos o que evitamos la realidad encontrando constantemente excusas.

Recuerda que este trabajo de introspección te permitirá encontrar nuevas soluciones a tus problemas. Te darás cuenta de que tener una relación feliz depende de ti. Adoptando nuevas actitudes y comportamientos positivos, podrás redefinir tus prioridades y explorar nuevas posibilidades. Por ejemplo, en lugar de tratar de complacer a toda costa, puedes aprender a afirmarte y expresar tus necesidades desde el inicio de una relación. En lugar de apresurarte en una nueva historia de amor para llenar un vacío, puedes tomarte el tiempo necesario para sanar, conocerte a ti misma y amarte como deseas ser amada por los demás.

¿Qué tienen en común mis ex parejas que contribuyeron a los fracasos de mis relaciones pasadas?

. . . .
. . . .
. . . .
. . . .
. . . .
. . . .
. . . .
. . . .
. . . .

¿Por qué me atrae este tipo de persona y cómo ha influido en mis relaciones?

. . . .
. . . .
. . . .
. . . .
. . . .
. . . .
. . . .
. . . .
. . . .

¿Qué comportamientos he adoptado en mis relaciones anteriores que me han llevado a resultados negativos?

. . . .

. . . .

. . . .

. . . .

. . . .

. . . .

¿He establecido límites claros en mis relaciones anteriores? Si no lo he hecho, ¿por qué?

. . . .

. . . .

. . . .

. . . .

. . . .

. . . .

¿Cuáles son las señales de advertencia de que estoy volviendo a caer en viejos patrones de comportamiento negativo en las relaciones?

. . . .

. . . .

. . . .

. . . .

. . . .

. . . .

¿Cuál es mi visión de una relación sana y satisfactoria?

. . . .

. . . .

. . . .

. . . .

. . . .

. . . .

¿Qué objetivos quiero alcanzar en mi relación y cómo puedo trabajar para conseguirlos?

. . . .

. . . .

. . . .

. . . .

. . . .

. . . .

¿Cómo puedo responsabilizarme de mis actos y mi comportamiento en mis relaciones?

. . . .

. . . .

. . . .

. . . .

. . . .

. . . .

La ruptura de una relación,

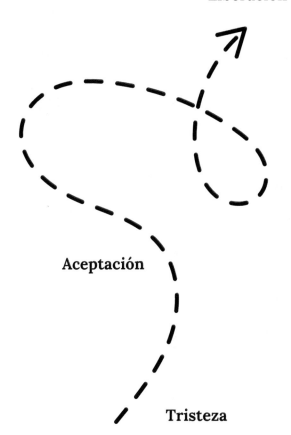

Liberación

Aceptación

Tristeza

ACEPTACIÓN

Ya está.

Ya está.

- Nunca encontraré
  algo mejor.

- Todo es culpa mía.

- Mis planes están arruinados.

Vale, ya está.

- Nunca seré
  feliz de nuevo.

- Quiero que vuelva.

- Todas mis relaciones
  terminan así.

- Todavía le quiero.

- ¿Y si le envío un
  un mensaje?

- ¿Cómo voy a
  a las personas más cercanas
a mí?

"No puedes comenzar el próximo capítulo de tu vida si continúas leyendo una y otra vez el último."

Imagina un libro cuyas páginas se pasan constantemente hacia atrás, volviendo una y otra vez al mismo capítulo. La lectura se vuelve repetitiva, estéril, y la historia no avanza. De la misma manera, aferrarnos demasiado al pasado nos mantiene atrapados en un bucle de recuerdos dolorosos y arrepentimientos, incapaces de avanzar hacia el futuro.

Un nuevo comienzo significa renovación, crecimiento y posibilidades infinitas. Es una invitación a la transformación y a convertirse en una mejor versión de uno mismo, más auténtica y segura. Significa dejar atrás las cargas del pasado y deshacernos de las cosas que nos impiden avanzar, como los miedos o las creencias limitantes. Pero no se trata de olvidar o negar el pasado, sino de aprender de él y utilizar esas experiencias como trampolines hacia un futuro mejor. Es reconocer que cada error, cada decepción, cada desafío ha contribuido a moldear a la persona que somos hoy.

Avanzar con tranquilidad hacia el futuro también implica soltar. A veces nos aferramos a situaciones o personas que ya no nos sirven, simplemente por miedo a lo desconocido. Nos quedamos estancados en el malestar por temor al cambio. Pero la verdadera liberación está en confiar en el universo, en creer en nuestra capacidad para recuperarnos y crear una vida que realmente nos satisfaga. Solo necesitas confiar en ti mismo para encontrar dentro de ti las llaves del éxito y del amor. La vida está en constante evolución, y cada nuevo capítulo ofrece la oportunidad de florecer.

Recuerda que al abrir tu mente al cambio, descubrirás aspectos de ti mismo que nunca imaginaste y te acercarás a la mejor versión de ti mismo. Comenzar un nuevo capítulo de tu vida es un acto de valentía, fe y renovación. Así que imagínalo como el capítulo de tu vida que siempre has soñado escribir.

"He cerrado puertas que nunca volveré a abrir, no por orgullo, sino por respeto a mí mismo"

"Y si algún día me extrañas, recuerda que fuiste tú quien me dejó ir."

Invertirse en una relación implica estar presente, escuchar y contribuir al crecimiento y felicidad del otro. También implica reconocer y respetar las necesidades y límites de cada uno. Si uno de los socios no hace esfuerzos para mantener la relación o no cumple con las expectativas y necesidades del otro, es importante no quedarse atrapado en esta situación desequilibrada que puede generar sentimientos de enojo, frustración o tristeza. También se puede estar en una relación en la que uno se siente constantemente descuidado o menospreciado. En este caso, es crucial dar un paso atrás y preguntarse si esta relación realmente satisface nuestras necesidades y bienestar.

Es completamente normal sentir tristeza y nostalgia después de una ruptura, pero esta etapa de duelo también permite tomar el tiempo para recordar que tenemos el poder de elegir lo que es mejor para nosotros y que ese poder es liberador. Aceptar que la relación no funcionaba y optar por marcharse es un acto de amor propio y valentía. Es reconocer que merecemos una relación que nos haga felices y realizados, y estar dispuestos a avanzar para encontrar esa relación.

Para concentrarnos en nuestra evolución personal y cuidarnos a nosotros mismos, debemos invertir tiempo y energía en nuestras pasiones, intereses y proyectos. Al mantenernos fieles a nosotros mismos y honrar nuestras necesidades, estamos preparándonos para atraer futuras relaciones amorosas saludables y equilibradas.

Recuerda que mereces ser amada y respetada en todas tus relaciones. Si te encuentras en una situación donde no te sientes completamente valorada, apreciada o respetada, recuerda que solo tú tienes el poder de reconocer tu valía y tomar las medidas necesarias para liberarte y perseguir una vida llena de respeto y felicidad.

**"Fue cuando me iba que me pregunté,
por qué me había quedado tanto tiempo".**

Recuerda que :

Todo pasa,
Nada es definitivo,
Tú eres tú,
eres único,
Tú puedes,
Estarás bien,
Mañana será otro día,
Tienes suficiente fuerza dentro de ti.

TU VIDA

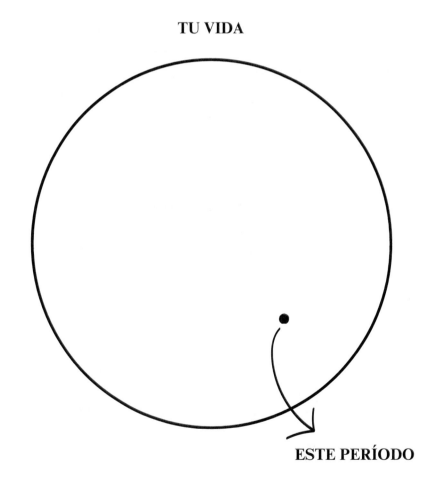

ESTE PERÍODO

Heridas del alma y su remedio:

El rechazo

Reflejo de supervivencia:

Huida, por miedo a sufrir. Se manifiesta por un sentimiento de no ser aceptado tal como es.

Medios de curación:

Enfrentamiento a tus miedos, aceptación de ti mismo y de los demás, perdón.

❖

El abandono

Reflejo de supervivencia:

Dependencia emocional, por miedo a encontrarse solo y ser abandonado.

Medios de curación:

Sea independiente, fortalezca su seguridad interior y desarrolle su confianza en sí mismo.

❖

La humillación

Reflejo de supervivencia:

Autosabotarte, devaluarte, tener miedo de ser tú mismo, reducir tu valor personal.

Medios de curación:

Trabaja tu autoestima, ámate y perdónate.

❖

La traición

Reflejo de supervivencia:

Hipervigilancia e hipercontrol, miedo a no ser respetado, dificultad para confiar en los demás.

Medios de curación:

Aprenda a dejarse llevar, perdonar, comunicarse abiertamente.

❖

La injusticia

Reflejo de supervivencia:

Ser frío y distante por miedo a sentir emociones desagradables, sentimiento de injusticia y amargura ante los acontecimientos de la vida.

Medios de curación:

Sal del perfeccionismo, déjate llevar y acepta lo que es, busca soluciones constructivas.

El equilibrio de la pareja

Momentos de calidad,
Valores comunes
Comunicación
Nuevas experiencias

¿Fue "Hice todo lo posible para que funcionara" o en realidad "Me estaba ahogando para que funcionara"?

Es común en una relación querer hacer todo lo posible para retener a la persona que amamos. Sin embargo, esta intención puede llevarnos a adoptar comportamientos inapropiados y peligrosos, como hacer compromisos excesivos, ignorar nuestras propias necesidades y deseos, o incluso tolerar comportamientos inaceptables.

Cuando nuestro "dedicación" nos lleva a no expresar nuestros desacuerdos, a aceptar el chantaje emocional o la manipulación, o a dejar de lado nuestros intereses, amigos, hobbies e incluso nuestros valores fundamentales para satisfacer las necesidades del otro, ya no se trata de determinación para hacer todo lo posible para que funcione, sino de dependencia y sumisión.

Darse cuenta del desequilibrio en la relación es el primer paso hacia la liberación. Es reconocer que la relación no es saludable y no nos brinda el apoyo y el desarrollo personal que merecemos. Esta toma de conciencia siempre es difícil, especialmente si amamos a nuestra pareja o hemos invertido mucho tiempo y energía en la relación. Pero también es la única manera de salir del ciclo. Luego es crucial "reparar" nuestro amor propio, dañado por la relación, recordando que tenemos valor y que somos libres. Tenemos derecho a satisfacer nuestras necesidades, sentirnos bien, ser diferentes e imperfectos. Para afirmar estos derechos, debemos aprender a establecer límites saludables, comunicarnos abiertamente y respetarnos mutuamente.

Recuerda que es fundamental reconocer los desequilibrios dentro de una relación. Si sientes que estás dando demasiado y no recibes lo suficiente, es hora de pensar en ti misma. Nunca podrás construir tu propia felicidad si la haces depender de la de tu pareja. Si a pesar de tus esfuerzos de compartir y comunicación, nada cambia, no debes sentirte obligada a permanecer en esa relación, porque mereces sentirte valorada y feliz.

Se ha muerto una planta.
Le di demasiada agua.
Me di cuenta de que darle demasiada
aunque sea para bien,
no siempre es lo correcto.

"No voy a disculparme por la forma en que elegí reparar lo que tú rompiste en mí."

Tienes el derecho y el deber de elegir repararte a ti misma, en lugar de esperar que la persona responsable de tu herida lo haga por ti. Al tomar esta decisión, recuperarás tu propio poder sobre tu vida y tu bienestar.

Es común sentir una profunda culpa cuando finalmente comienzas a cuidarte después de años o meses de olvidarte de ti misma. Sin embargo, es esencial entender que darte la suficiente importancia para cuidarte física, emocional y mentalmente no es un acto egoísta. Al contrario, es un acto de supervivencia y renovación. Al alejarte, te das cuenta de que cuidarte a ti misma te permite cuidar mejor a los demás. Una mente confiada es más capaz de dar, amar y apoyar.

Al tomar las riendas de tu equilibrio emocional, ya no dependerás de la persona que te hirió, y tu felicidad no dependerá de nadie más que de ti misma. Esta independencia emocional es crucial para recuperar tu fuerza y serenidad.

Aunque seas capaz de repararte a ti misma, no significa que debas hacerlo sola. Tienes derecho a recibir ayuda. El amor y el apoyo de tus amigos y familiares te ayudarán a superar los momentos de duda. No dudes en acudir a ellos en busca de consuelo y aliento.

Recuerda que eres la única persona capaz de decidir cómo te concedes toda la atención que mereces. Escucha tu corazón, respeta tus necesidades y cuídate. Nunca te disculpes por buscar y encontrar la paz interior. Poco a poco, a través de actos de autocompasión y respeto propio, cualquier culpa que puedas sentir se calmará.

A veces hay que saber cuándo retirarse,
para no provocar un escándalo,
no gritar,
no provocar,
no decir nada, simplemente irse.
Vete y no vuelvas.

"Basta con descubrir una mentira para que cada verdad se convierta en una duda."

La confianza es uno de los pilares fundamentales de una relación sana y satisfactoria. Se basa en la convicción de poder confiar en tu pareja para que sea honesta, transparente y fiel. Sin embargo, cuando se descubre una mentira, esta confianza puede verse debilitada, dando paso a dudas y sospechas.

Cada verdad que se diga después puede ser cuestionada, cada gesto podría ser interpretado en busca de indicios de engaño. Este clima de desconfianza puede crear una distancia emocional entre los socios. No obstante, la reconstrucción de la confianza es posible, pero requiere tiempo, paciencia y un compromiso sincero para restablecer la honestidad y la transparencia en la relación. Esto implica asumir la responsabilidad de los propios actos, reconocer el impacto de las mentiras y actuar con sinceridad en palabras y acciones.

La comunicación abierta y honesta es esencial en este proceso. Ambos socios deben estar dispuestos a expresar sus sentimientos, preocupaciones y expectativas de manera constructiva, sin juicios ni reproches. Esto ayuda a disipar malentendidos y a reconstruir lentamente la confianza perdida.

También es importante perdonar, pero eso no significa olvidar. El perdón es un acto de liberación personal que permite dejar atrás el dolor y la ira, pero no garantiza que la confianza se restaure automáticamente. Se necesita un compromiso continuo para reconstruir la relación sobre bases sólidas.

Recuerda que descubrir una mentira puede perturbar la confianza en tu relación, convirtiendo cada verdad en duda. Sin embargo, con el tiempo, la comunicación abierta y honesta, y un sincero compromiso para reconstruir la confianza, es posible superar esta prueba y restaurar la solidez de la relación. Esto requiere paciencia, perdón y un deseo mutuo de reconstruir juntos.

Consejo del día:

Es mejor alejarse
cuando empiecen a surgir dudas.

"Lamenta que tengas el corazón roto
porque has descubierto su secreto".

"Estudias, trabajas, eres bella, respetuosa y leal, y aún así piensas que no mereces lo máximo de un hombre."

Creer que no merecemos o que no somos "suficientes" tiene consecuencias negativas en una relación de pareja. Esta creencia destruye la autoestima y lleva a comportamientos autodestructivos. Cuando no nos sentimos dignas de ser amadas, podemos tolerar comportamientos inaceptables de nuestra pareja y conformarnos con una relación desequilibrada donde nuestras necesidades emocionales no son satisfechas.

Esta inseguridad personal también genera una dependencia emocional excesiva, donde buscamos constantemente la aprobación y validación del otro. Esto puede crear un ciclo de miedo y duda, dificultando la comunicación libre y honesta. Cuando no confiamos en nosotros mismos y nos menospreciamos constantemente, no somos capaces de expresar nuestras necesidades y deseos, por temor a ser percibidas como demasiado exigentes o de perder el amor del otro.

Este tipo de inseguridad alimentada por nuestras propias creencias también puede llevar a sentimientos de celos relacionados con nuestra propia inseguridad, creando conflictos y un ambiente de desconfianza en la pareja.

Para evitar todas estas consecuencias negativas, es esencial tomar conciencia de que es nuestra responsabilidad nutrir nuestra autoestima y reconocer nuestro propio valor.

Recuerda que creer en ti misma, ser independiente y poner tus ambiciones y prioridades en primer lugar son elementos esenciales para tu desarrollo personal y tu relación amorosa. Mereces ser amada y respetada por quien eres, no por lo que crees que debes hacer para salvar tu relación. Al creer en tu propio valor y ser amable contigo misma, podrás construir una relación donde tú y tu pareja se respeten y se apoyen mutuamente.

Belleza,

Mira tu estado,
¿Aún crees que serás feliz con él?
Lo has intentado,
Le has explicado lo suficiente,
Te despiertas por la noche para ver dónde está,
Pones tus planes a un lado,
Sólo lo ves a él,
Te estás destruyendo poco a poco,

Es hora de dejarlo ir.
Te mereces a alguien que te ame por lo que eres,
Que te ponga en primer lugar,
Que te de atención sin que tengas que rogar por ella.
Creo que es hora de elegirte a ti.

¿De qué logros personales y profesionales se siente orgulloso?

. . . .

. . . .

. . . .

. . . .

. . . .

. . . .

¿Qué te hace infravalorarte o dudar de tu propia valía en las relaciones?

. . . .

. . . .

. . . .

. . . .

. . . .

. . . .

¿Qué necesitarías para sentirte más independiente emocionalmente, es decir, libre del impacto negativo del comportamiento o el juicio de tu pareja?

. . . .

. . . .

. . . .

. . . .

. . . .

. . . .

¿Cómo puedes ser más independiente económicamente?

. . . .

. . . .

. . . .

. . . .

. . . .

. . . .

¿Cómo puedes anteponer tus necesidades y prioridades sin sentirte culpable o egoísta?

. . . .

. . . .

. . . .

. . . .

. . . .

. . . .

¿Qué pensamientos o creencias limitantes necesita superar para sentirse más realizado y feliz en la vida?

. . . .

. . . .

. . . .

. . . .

. . . .

. . . .

6 consejos para dejar de pensar en alguien que te ha hecho daño:

Recuerda que es completamente normal pensar en esa persona, pero aquí tienes algunos consejos para ayudarte a seguir adelante:

Evita el contacto: No lo contactes, incluso si sientes una fuerte tentación en ciertos momentos. Si no puedes resistirte, borra su número de teléfono, las conversaciones y sus perfiles en redes sociales.

Elimínalo de las redes sociales: Si no puedes evitar revisar sus actividades diarias para ver si se divierte mientras tú estás deprimida, bloquea sus cuentas.

Mantén tu mente ocupada: Para no pensar en él o ella, dedica tu tiempo y energía a actividades que disfrutes. Sal con amigos o simplemente aprovecha tu tiempo libre para divertirte, aunque al principio no tengas ganas. Oblígate a salir y comunicarte (esto no significa que debas mencionar constantemente a la persona en la que estás pensando). Te aseguro que si haces este esfuerzo, te sentirás mejor.

Rodéate de personas positivas: Pasa tiempo con amigos y familiares que te apoyen y te animen. Ellos pueden ayudarte a mantener una actitud positiva y mantener tu ánimo alto. Además, están ahí para recordarte que no estás sola y que eres importante para ellos.

Sé paciente: No hay una solución instantánea para olvidar a alguien que ha salido de tu vida. El tiempo cura todas las heridas. Así que sé paciente contigo misma y date tiempo para sanar. Te aseguro que irás sintiéndote mejor con el tiempo. En algún momento, podrás mirar esa etapa de tu vida con serenidad y paz.

Busca ayuda si es necesario: Si te resulta difícil seguir estos consejos, no dudes en buscar la ayuda de un profesional. Un terapeuta o coach puede ayudarte a entender tus sentimientos y superar tu desamor. No es en absoluto un signo de debilidad.

Consejo del día,

No te dejes abrumar por sus
recuerdos, por su mirada; a veces
hay una delgada línea entre el amor
y la ilusión. No te dejes llevar por
sus palabras, por su voz. Recuerda
que te dejó ir, tu increíble yo. Sigue
adelante, no mires atrás.

Cuando dos quieren,

Dos lo intentan,

Dos tienen éxito,

Dos tienen éxito.

"Quizás nos encontremos cuando hayamos mejorado el uno para el otro."

En algunas relaciones, hay momentos en los que la distancia es necesaria para permitir que cada uno crezca individualmente. A veces, es la mejor manera de cuidar de uno mismo y de la relación.

Cuando dos personas están juntas, pueden enfrentarse a desafíos y conflictos que parecen insuperables. En esos momentos, una separación temporal puede ser una oportunidad para que trabajen en sus propias debilidades y mejoren sus vidas individuales.

A menudo, es necesario mejorar individualmente para contribuir a una relación sana. Esto puede significar que cada uno tome conciencia de sus miedos, necesidades, adquiera nuevas habilidades de comunicación, o simplemente se tome el tiempo para descubrir quién es realmente y qué quiere en la vida.

A veces, las personas se cruzan en un momento en el que no están listas para comprometerse completamente, ya sea debido a circunstancias externas, problemas de comunicación, inestabilidad emocional, falta de madurez o falta de confianza en sí mismas.

Recuerda que la vida es impredecible y no hay garantía de que dos personas se vuelvan a encontrar después de un período de separación. Sus caminos pueden separarse para siempre. Es crucial tomar esta decisión reflexivamente, considerando todas las opciones desde el principio. Sin embargo, el camino hacia una relación más fuerte implica el desarrollo personal de cada uno. Aunque el reencuentro nunca esté garantizado, el trabajo en uno mismo es un valor que te proporcionará la autoestima y la confianza necesarias para vivir relaciones felices.

"No será fácil, pero lo lograrás."

Experimentar una ruptura amorosa puede ser una de las experiencias más dolorosas de la vida, pero ten la certeza de que saldrás adelante. Hoy, el dolor puede parecer insoportable. Es normal llorar, sentirse triste, temer al futuro e incluso dudar de uno mismo. Permítete sentir todas esas emociones, ya que son parte del proceso de curación. Recuerda que no son señal de debilidad, sino más bien de tu capacidad para escucharte a ti mismo/a y aprender a amarte para poder contar siempre contigo.

Poco a poco, comenzarás a recuperar tu equilibrio y tu capacidad para encontrar momentos de paz. Cada día te sentirás más serena para contemplar un futuro lleno de nuevas posibilidades. Lograr sonreír de nuevo, salir y disfrutar nuevas experiencias son pequeños pasos que te ayudarán a recuperar la confianza en ti misma y en tu capacidad para superar esta prueba.

Eres capaz de mucho más de lo que crees. Mira dentro de ti, ya has superado tantas pruebas en tu vida, y esta no será diferente. La resiliencia existe en cada uno de nosotros. Cuando aceptamos vivir la situación tal como es, sin huir ni luchar contra ella, esa fuerza de resiliencia nos guía a través de los obstáculos y dificultades de la vida.

Nunca olvides que mereces ser amado/a y respetado/a por quien eres. Esta ruptura es una oportunidad para definir lo que realmente quieres en una relación y nunca conformarte con menos. Eres digna/o de felicidad, y encontrarás a alguien que te valore como te mereces.

Recuerda, aunque no sea agradable experimentar dolor, es importante recordar que es parte de la vida. Puedes transformar este dolor en un regalo oculto al convertirte en una persona más fuerte y comprensiva. Es difícil, porque es normal tener aprehensiones y miedos después de una relación que terminó en fracaso. Pero recuerda, depende de ti darte cuenta de que la vida está llena de nuevas oportunidades para encontrar la felicidad. Vas a salir adelante, ten confianza en ti misma.

"A veces es necesario dejar a quien amamos, para encontrarnos con quien realmente merecemos."

El amor es un sentimiento difícil de entender. A veces nos enamoramos de la persona equivocada. El amor puede cegar nuestro juicio y hacernos ignorar señales evidentes de impactos negativos en nuestra relación. En algunos casos, elegimos quedarnos con alguien por razones equivocadas, como el miedo a la soledad o la falta de amor propio que nos lleva a conformarnos con migajas de amor bajo ciertas condiciones, colocándonos en una situación de dependencia emocional.

Por lo tanto, es muy importante recordar que todos merecemos ser amados sinceramente y respetados. Sin embargo, para adoptar esta creencia, es necesario mirarse a uno mismo con bondad. Reconocer nuestros valores y necesidades, pero también afirmar nuestro derecho a la felicidad. A veces, esto significa dejar a la persona que amamos. Aunque pueda parecer aterrador, dejar una relación que no nos hace felices es el primer paso hacia un futuro mejor.

Salir de esta relación no siempre nos permite enamorarnos de inmediato de la persona que cumple nuestras expectativas. A menudo es necesario estar solo durante un tiempo para reflexionar y reconstruirse a uno mismo, evitando así atraer una nueva relación que pueda instalarse infiltrándose nuevamente en nuestras vulnerabilidades y debilidades.

Recuerda que es importante reflexionar sobre lo que realmente quieres en tu relación amorosa y qué necesitas para sentirte seguro/a. Después de una ruptura, el proceso de curación puede ser difícil, pero es la única manera de conocerte realmente y amarte lo suficiente para asegurarte, en el futuro, de experimentar un amor libre e iluminado. Tomando decisiones conscientes, podrás encontrar la felicidad que te mereces.

Consejo del día:

Es mejor estar soltero con altos estándares que estar
en una relación y aceptar cosas que te hacen sentir
mal, sólo porque tienes miedo de estar solo.

Señales de que te estás recuperando de tu ruptura...

— ♡ ♡ ♡ —

Disfrutas de tu propia compañía.

Lo que te hizo enojar ya no importa.

Ya no piensas en él/ella cuando te despiertas.

Tienes nuevos proyectos por tu cuenta.

Ya no te despiertas por la noche.

Otras personas te piden consejo.

Ya no miras lo que hace.

Ya no le traes todos los temas de conversación.

"Se deja de insistir"

Cuando buscamos atención, amor o reconocimiento, es natural querer insistir haciendo más esfuerzos, porque pensamos que podemos cambiar el comportamiento del otro a través de nuestras acciones, especialmente reforzando nuestra importancia a sus ojos.

Pero cuidado, esta actitud puede ir en contra del objetivo buscado. En primer lugar, en lugar de atraer la atención deseada, este comportamiento puede alejar a nuestra pareja. De hecho, querer cambiar el comportamiento del otro mediante una actitud insistente y excesiva puede percibirse como invasivo o sofocante. Por otro lado, estos comportamientos dictados por nuestra propia inseguridad no reflejan quiénes somos realmente. Son simplemente una reacción a nuestro miedo al abandono, nuestra falta de confianza en nosotros mismos o nuestra baja autoestima.

En una relación donde buscamos la atención, el amor y el reconocimiento del otro, es esencial aprender a comunicar abierta y honestamente nuestras necesidades y expectativas, sin intentar compensar constantemente las deficiencias reales o percibidas del otro con nuestros propios comportamientos. Una relación saludable y equilibrada se basa en una asociación igualitaria donde ambos se sienten completamente invertidos y apreciados.

Recuerda que buscar el amor y el reconocimiento del otro es natural, pero es fundamental amarse a uno mismo y reconocer nuestro propio valor. En una relación, debes respetar los límites de tu pareja y aceptar sus respuestas, incluso si no son las que esperabas. Para volverte menos dependiente emocionalmente de la atención de tu pareja, aprende a soltar y enfócate en tu relación contigo mismo para experimentar una relación amorosa más satisfactoria.

Cada vez que sientas ganas de volver hacia él, lee esto :

Recuerda por qué te fuiste, o por qué terminó tu relación. Tómate un momento para recordar las razones que llevaron a poner fin a esta relación. ¿Fue por falta de respeto, confianza o simplemente incompatibilidades insuperables? Retroceder no cambiará esas realidades.

Tu bienestar es primordial. Tu felicidad y paz interior son prioritarias. Si esta relación te causó más dolor que alegría, es importante pensar en tu equilibrio mental y emocional.

Nunca aceptes menos de lo que mereces. Una relación sana y gratificante se basa en el respeto mutuo, el amor y la comprensión. Mereces alguien que te valore plenamente y te trate con respeto.

El futuro es prometedor, aunque hoy pienses que nunca más volverás a enamorarte, o que no amarás a alguien de la misma manera que amabas a esa persona. Concéntrate en las oportunidades y relaciones positivas que el futuro puede ofrecerte. Cada final marca un nuevo comienzo.

Eres más fuerte de lo que crees. Ya has superado pruebas, ya has demostrado que eres capaz de tomar decisiones difíciles para tu bienestar. Confía en ti misma.

El tiempo sana. Los recuerdos y la nostalgia pueden ser poderosos, pero recuerda que el tiempo ayuda a sanar todas las heridas. Cada día que pasa, te acercas más a la curación y a la libertad emocional. Y te prometo que algún día te acostarás y notarás por primera vez que hoy no pensaste ni una sola vez en él.

No estés triste porque haya decidido irse,
sólo siente pena por él,
que ha perdido la oportunidad de estar contigo.

La hipnosis para olvidar a tu ex

La hipnosis puede ser una herramienta poderosa para ayudar a superar una ruptura y desvincularse emocionalmente de un ex. Aquí tienes un ejercicio simple de auto-hipnosis que puedes probar en casa.

Paso 1: Preparación
Elige un lugar tranquilo donde no vayas a ser interrumpida durante al menos 20-30 minutos. Siéntate o acuéstate en una posición cómoda.
Cierra los ojos y realiza algunas respiraciones profundas para relajarte. Inhala por la nariz, retén el aire por un momento y luego exhala lentamente por la boca.

Paso 2: Inducción
Cuenta lentamente de 10 a 1, concentrándote en cada número y sintiéndote más relajada con cada uno. Imagina una escalera con diez peldaños. Baja lentamente estos peldaños, sintiéndote cada vez más calmada y relajada con cada paso.

Paso 3: Profundidad
Visualiza un lugar seguro y tranquilo (un jardín, una playa, un bosque, etc.). Imagina todos los detalles de este lugar: los colores, los sonidos, los olores. Permanece en este lugar durante unos minutos, disfrutando de la sensación de calma y seguridad.

Paso 4: Trabajo sobre el Olvido
Imagina una gran pizarra o tablero frente a ti.
En este tablero, escribe el nombre de tu ex y todo lo que te une a él/ella (recuerdos, emociones, etc.).
Toma una goma imaginaria y comienza a borrar lentamente todo lo que está escrito en el tablero. Visualiza cómo las letras y los recuerdos desaparecen. Sustituye las palabras borradas por afirmaciones positivas para ti misma, como "Soy libre", "Merezco ser feliz", "Soy fuerte e independiente".

Paso 5: Reforzamiento

Repite internamente afirmaciones positivas como "Me libero de mi pasado", "Estoy lista para avanzar", "Merezco ser feliz".

Visualízate en un futuro donde eres feliz y plena, liberada de cualquier dolor del pasado.

Paso 6: Despertar

Cuenta lentamente de 1 a 5, sintiéndote cada vez más alerta y despierta con cada número.

Abre lentamente los ojos al llegar a 5, sintiéndote renovada y positiva.

Consejos adicionales:

- Repite este ejercicio regularmente para fortalecer sus efectos.
- Si encuentras dificultades, puedes pedir a un amigo o ser querido que te lea el ejercicio para que puedas concentrarte en tu sesión de hipnosis. También puedes consultar a un hipnoterapeuta profesional para obtener un acompañamiento personalizado.
- La hipnosis puede ayudar a transformar tu estado mental y a liberarte de los apegos emocionales. Sé paciente y persevera en la repetición de los ejercicios para maximizar los beneficios.

¿Cómo saber si la ruptura es permanente?

Para poder seguir adelante y aliviar nuestro sufrimiento, necesitamos claridad. Pero a veces nos cuesta ver las cosas con claridad porque nos preguntamos si la ruptura es permanente, o si tenemos posibilidades de recuperar a nuestro ex.

Aquí hay algunas señales y consideraciones que pueden ayudarlo a evaluar la situación:

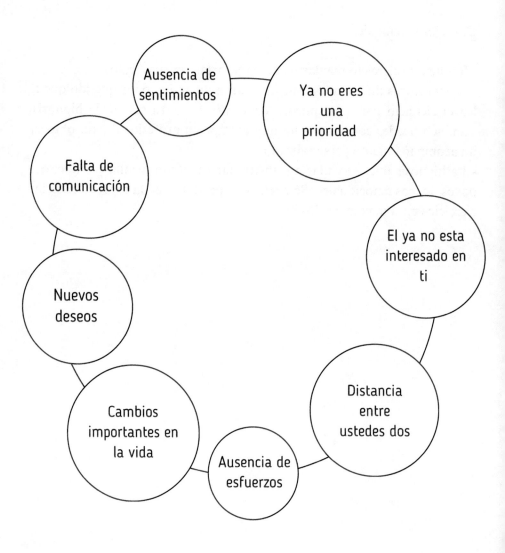

Ayúdate de estas señales para aceptar que esta relación realmente ha terminado...

Falta de comunicación: cada vez menos interés en comunicarse o resolver problemas.

Una Declaración Clara: Tu expareja ha expresado claramente que ya no quiere continuar la relación y mantiene esta posición consistentemente.

Ausencia de Sentimientos: ausencia de sentimientos románticos por parte de uno u otro compañero o incluso de ambos.

Cambios importantes en la vida: Los cambios importantes, como una mudanza, un nuevo trabajo o una nueva relación, pueden hacer que la reconciliación sea muy improbable.

Evitar reuniones: tu ex hace todo lo posible para evitar verte o hablar contigo porque ya no desea estar en contacto.

Falta de Esfuerzo: excusas para no hacer más esfuerzos, ausencia de discusiones profundas o intentos de compromiso.

Los motivos de raíz de la ruptura: ciertos motivos son difíciles de olvidar, como la infidelidad, los abusos o las incompatibilidades fundamentales y muchas veces hacen que la ruptura sea definitiva.

Historia de la Relación: varias rupturas y reconciliaciones en el pasado pueden sugerir una nueva ruptura temporal. Por el contrario, es más probable que una primera ruptura seria sea permanente.

La opinión de los seres queridos: su opinión puede ayudar a tomar conciencia de la realidad de la ruptura.

El paso del tiempo: el tiempo puede ser un factor clave. Si pasan varios meses sin ningún signo de reconciliación o comunicación, probablemente la ruptura sea permanente.

Esta mañana me he despertado,
Mi primer pensamiento ya no era para él,
Empecé a aceptar que la vida sigue,
que no estaría tan mal sin él,
que estaba terminando un capítulo de mi vida,
para escribir un nuevo libro,
más hermoso,
más fácil,
y que merezco.

Emociones post ruptura,

Dolor y tristeza,
Sensación de vacío,
Ira y frustración,
Retraimiento,
Pérdida de motivación,
Remordimiento,
Pérdida de confianza en uno mismo,
Negación y esperanza,
Aceptación y realización.

Vuelva a leer las conversaciones
.

Sentirse culpable por lo que no hizo o por lo que no dijo.

Intenta encontrar su sustituto.

MIRA SUS HISTORIAS Y TRATA DE DESCUBRIR SI NOS REEMPLAZÓ.

Decirte a ti mismo que nunca encontrarás nada mejor.

REFLEXIONAR SOBRE EL PASADO.

Envíale un mensaje para obtener respuestas.

Apresurándose hacia una nueva relación.

Niega tus emociones.

Consejo del día:

Has sobrevivido a demasiadas tormentas
como para que te molesten las gotas de lluvia.

"Prefiero ajustar mi vida a tu ausencia, en lugar de ajustar mis límites a tu falta de respeto."

El amor no puede existir sin respeto. Cuando la falta de respeto se introduce en la relación, se vuelve crucial tomar decisiones, a veces difíciles, para salvaguardarse preservando la dignidad y el bienestar.

Desvincularse de alguien a quien apreciamos, incluso cuando no nos trata bien ni nos respeta, suele ser difícil, ya que esta situación se instala gradualmente y no siempre somos conscientes de ello. Sin embargo, podemos reconocer ciertos signos como ansiedad constante, agotamiento emocional, aislamiento social, sentimientos de inferioridad, signos de depresión, cambios en la personalidad o dificultades para dormir. Cuando nuestra relación amorosa afecta directamente nuestro bienestar físico y mental, es hora de reconocer que hay otras opciones disponibles.

Aceptar ser menospreciado o permitir que nos impongan decisiones que no son propias es renunciar a valorarse uno mismo. Lo que toleramos envía un mensaje claro a los demás sobre lo que estamos dispuestos a aceptar o no. Si enseñamos a los demás que es aceptable tratarnos con comportamientos inapropiados, estamos permitiendo que otros controlen nuestra vida y nuestro bienestar emocional. Para recuperar el control y salir de este malestar, es fundamental reconstruir una imagen positiva de uno mismo. Este proceso implica el amor propio y la confianza en uno mismo. En algunos casos, para respetarse a uno mismo, no hay otra opción que poner fin a la relación.

Recuerda que respetarte a ti mismo es la única forma de evitar que otros te falten al respeto. Al elegir no permitir que otros determinen quién eres y cuál es tu valía, estás enviando un mensaje claro: "Merezco ser amada por quien soy, merezco respeto y felicidad". Esta toma de conciencia te permitirá enfrentar el dolor de la pérdida, ya que habrás recuperado tu dignidad y confianza en ti mismo. Podrás atraer a las personas adecuadas y vivir relaciones hermosas.

Te echo de menos

Visto y le da igual:

¿Hasta dónde has llegado?

¿Qué recuerdas de este libro?

. . . .

. . . .

. . . .

. . . .

. . . .

. . . .

¿En qué te ha ayudado este libro? ¿De qué te diste cuenta cuando lo leíste?

. . . .

. . . .

. . . .

. . . .

. . . .

. . . .

¿Qué te gustaría cambiar en tu relación actual o futura (si no tienes pareja)?

. . . .

. . . .

. . . .

. . . .

. . . .

. . . .

¿Qué no volverías a hacer por el Otro?

. . . .

. . . .

. . . .

. . . .

. . . .

Mi último adiós :

. . . .

. . . .

. . . .

. . . .

. . . .

¿Cree que ya está en vías de recuperación?

. . . .

. . . .

. . . .

. . . .

. . . .

¿Qué hará por sí mismo inmediatamente después de cerrar este libro?

. . . .

. . . .

. . . .

. . . .

f1a5bd5c-6f30-4a28-8551-a5e8c841bae2R01